わたしの家色さがし

MY HOME COLOR

インテリアコーディネーター
加藤ひろみ

もくじ

Break Time

はじめに

こんにちは。
インテリア&イメージコーディネーターの加藤ひろみです。
暮らしと人のコーディネートをしています。

インテリアコーディネーターとして、長年お客さまの暮らしのお手伝いをしてきました。インテリアの色彩に関心を持ち、そこから色について興味の幅が広がり、人の内面（心理的）・外面（見た目の印象）にも、色があることを知りました。数年前からは、ファッションなど人の外見のイメージUPのお手伝いもしています。暮らしには人がつきもの、人には暮らしという背景がつきもの。現在は暮らしとそこに住まう人の、ライフスタイル全般のコーディネートしています。色と形と素材を、トータルバランスで物を見ることは、建築・インテリアもファッションも同じなのです。

●人は環境によって形成されてゆく。
●インテリアは平和の象徴。

この二つの思いを持って、人間の基礎である暮らしに携わっています。人が生きて行くためには、衣食住が必要です。どれか一つが欠けても、割合に差があり過ぎてもいけません。衣食住のトライアングルのバランスが必要です。

生きるために必要な要素の一つである「住」。その「住」に、あなたはどれだけ重きをおいていますか？

―「衣」「食」「住」―

- 衣服と食物と住居。
- 生活をしてゆくための基礎。
- 暮らしを立ててゆくこと。

素敵なワンピースを見つけたとき、私たちは「それを着てどこへ行こう」「誰にこの自分を見てもらおう」などと考えます。「デートに来て行こうか」「友達とちょっとリッチなランチに出かけようか」と。そのワンピースに似合う髪形、靴、バッグ、メイク、立ち振る舞いなどを含めて、「こうでありたい自分」「こうなりたい自分」を総合的にイメージして、ワクワクするものです。

なりたい自分を目的にし、それを叶えてくれる手段のワンピースを買います。ワンピースを手に入れた、その先の自分がイメージできたとき、ワンピースという物質だけでない価値をも手に入れ、満足し、心が豊かになったり自信がついたりします。

「家」を買うのもそれと同じ。目的のための手段です。あなたやあなたの家族にとって、家は何のために必要でしょうか？「どんな家族になってゆきたいのか」、その家で「どう暮らしたいのか」。これからも続く人生を家族と一緒に話し合い、人生の到達点（目的）を見つけ、そこに向かって絆を深めてゆければ、人として幸せ。そのために必要な空間が「家」なのです。

ワクワクしながら家づくりが出来れば楽しい。そして理想の家を手に入れた以降は、家庭がもっと幸せに暮らせるはずです。なぜなら、人は環境によってつくられるから。

「あなたにとって家は なぜ必要ですか？」

この本が、あなた自身とあなたの家づくりを考えるきっかけになれば、とても嬉しく思います。

❶自分の「好き」の傾向を知る

ステキなインテリア雑誌を見ると、「こんな感じにしたい！」と思いますよね。でも、別の雑誌に、さっきとは違うテイストのステキなインテリアが載っていると、「これもステキ！」と目移りするものです。テレビを見ても、知り合いのセンスの良い自宅を見ても、どれもステキでどれも好き。では、

「自分の一番好きな傾向は何だろう？」

これまでに、あれもこれもと迷う、女性を多く見てきました。あれもこれも好きなのは、悪いことではありません。ですが、家は洋服やバッグのように、いくつも買い揃えられるものではありません。簡単に買い替えも出来ません。だから家を買うときは、一番のお気に入り

を必死に考えます。失敗する訳にはいかない…と。

家づくりはその家で「どう暮らしてゆきたいのか」を考えることが重要ですが、手始めにあなたの趣味嗜好を、今一度整理しませんか。好きなモノ、気になるモノを集めてみると、自分の傾向が客観視できます。家を考える際に、実際の暮らしの好きなイメージもしやすくなります。

次のページからは（子どもの頃に遊んだ塗り絵や、折り紙遊びの感覚で）雑誌や広告を使った切り貼りワークを行います。これが意外にも面白く、自分の傾向を知るのにも効果的。好きな色や、好きなイメージのファッションや小物など、自由な発想で選択しましょう。

ワークページ欄をコピーして使うと、より作業がしやすいかもしれません。ワークページは、レイアウトをして貼っても無造作に貼ってもＯＫです。自由な発想・感性で行いましょう。

ワークページ

好きな色は？　一番好きな色は何色ですか？

【　　　　】

その色からイメージする物は何ですか？（自然・身の周りにある物・食べ物など何でも可）

（　　　　）

自分の「好き」の傾向を知る

ワークページ

次のページに雑誌や広告などから選んだ**「好きな色」**の物を切り抜いて貼ってみましょう。（メイク・ファッション・家具・アート・食べ物など何でも可）

写真は一例

【ex. 黄】

自分の「好き」の傾向を知る

【ex. 赤】

ワークページ

「好きな色」の物を切り抜いて貼ってみましょう。

ワークページ

♡ 好きなファッション&小物　～お出かけ編～

①好みの「**お出かけ用のファッションや小物**」を切り抜いて貼ってみましょう。

写真は一例

ワークページ

「お出かけの用ファッション・小物」を切り抜いて貼ってみましょう。

自分の「好き」の傾向を知る

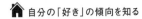

ワークページ

♡ 好きなファッション&小物　～普段着編～

②いつも身につけている様な**「普段着ファッション・小物」**を切り抜いて貼ってみましょう。

ワークページ

♡好きなファッション&小物　〜これから編〜

③今後、「**着てみたいファッション・小物**」や、「**憧れるファッション・小物**」を切り抜いて貼ってみましょう。

自分の「好き」の傾向を知る

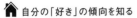

ワークページ

♡ 好きなエクステリアイメージ

どのような建物のスタイルが好きですか。

①好きな建物のスタイルを一つ選びましょう。

【　　　　　　　　　　】

■ 南欧スタイル

地中海沿岸一帯に見られる、明るい日差しに映えるイメージ

■ ブリティッシュスタイル

イギリスの歴史・伝統を感じさせるような、重厚なイメージ

■ アーリーアメリカンスタイル

17～18世紀のアメリカ東海岸を思わせるようなイメージ

■ 北欧スタイル

限られた日照時間の中で、太陽光を最大限反射させるよう、白でまとめたイメージ

■ モダンスタイル

現代的・近代的イメージ

■ コンテンポラリースタイル

和風＆洋風・伝統＆モダンなど、様々な要素をミックスしたイメージ

■ ジャパニーズスタイル

ワークページ

②「**好みの家の外観**」や、その他「**好みの建物**」の写真を切り抜いて貼ってみましょう。

自分の「好き」の傾向を知る

ワークページ

♡ 好きなインテリアイメージ　～家具編～

①好きなイメージの「ソファ」、「テーブル」「椅子」、「ベッド」、「チェスト」などを切り抜いて貼ってみましょう。

写真は一例

Sofa
F

ワークページ

「好きなイメージの家具」を切り抜いて貼ってみましょう。

自分の「好き」の傾向を知る

ワークページ

♡好きなインテリアイメージ　～小物雑貨編～

②好きなイメージの「**雑貨など**」を切り抜いて貼ってみましょう。

自分の「好き」の傾向を知る

自分の「好き」の傾向を知る

② 家を考える前に

最近多いのが、〝暮らしをどうしたいか分からない〟お客様。自分の家なのに、これから30年近くもローンを組むのに、家を手に入れた後の暮らしがどうなりたいか、がイメージできないまま高額な買い物をする。そのような人が多いのは何故だろう？　と、日ごろお客様と接する中でいつも思うことでした。

家建て(取得)中心世代の傾向なのだろうか？　建築家やハウスメーカーの営業マン、エクステリア業など、この業界の人達とも常々そのような話をしていました。

家を買おうと思ったとき

「何のために家が必要か」

この目的をはっきりさせること。

家を持つということは、目標の一つです。目的ではありません。目的は、「人生の到達点」を差します。目的のためになぜ家が必要かを考えた次に、どのような家が必要かと掘り下げて考えなければなりません。誰もが、家は必要です。ですが「家」と一言で言っても一戸建て、マンション、新築、リフォームなど様々な種類があります。

人生の目的が分かると、暮らしをどうしたいかが、明らかになり、戸建よりも実はマンションの方が生活スタイルに合っていた…、などということが明確になるはずです。

どの様な家がよいのかと、メーカーや間取りを考える前にあなたやあなたの家族が人生の到達点で、どうなっていたいのかを考えて欲しいと思います。

具体的に家を考える際にどうしたらベストな家になるのか、迷うのは当然ですが、目移りし過ぎて、迷い過ぎて疲れると、最後には「何でもいいからプロに任せます」となる。頼る事が悪いのではありません。「自分の暮らしをどうしたいのか」を人任せにすることがいけないのです。人任せにしたものは結局、心から納得できないために、「やっぱり変更します！」と白紙に戻ります。再度打合せをしても、情報が増えた分余計に混乱し、迷い、結局何も決められない。その様なパターンを多く見てきました。

住宅購入は、金銭的にも精神的にも大きな負担がかかります。人生の中で、恐らく一番高額な買い物です。誰だって家づくりをわざわざ失敗したいとは思いません。慎重になるのは当たり前です。

たとえば、家が欲しいと思った最初の段階で「失敗しない～の本」を読みあさったり、ハウジングセンターへ出かける人などがいますが、実はそれは間違いです。

本を読んではいけないと言っているのではなく、やみくもにこのような本に目を通す必要がない、という意味です。「失敗しない～の本」は家が欲しいと思ったときに、一番に手にする物ではありません。私自身、何冊か読みましたが、それぞれの目的があって家を考える段階で、参考になる本です。

そして、モデルハウス（ルーム）も「取りあえず行く」のは間違いです。具体的な目的が分かっていないのに出掛けても、ハウスメーカーや工務店など多種多様にあり、どこが良いのか、何を基準に選んで良いのかも分かりません。また、その人にとっては不必要な情報に惑わされて混乱し、家を考える事が、疲れて嫌になってしまう人も実際にいるのです。

「失敗しない～の本」を読む順番、展示場に行く順番を間違うことで、家づくりは失敗するのです。家づくりにおいて一番にすることは、①家を買う目的をはっきりさせ、②その家でどう暮らしてゆきたいのかをきちんと考える事、これしかありません。

誰だって、目的地を知らずして、その場所への到着はできませんよね。

結婚に例えてみると。

結婚が人生の目的（到達点）と考え、婚活をしている人もいます。

ですが、本来は結婚してからが重要ですよね。結婚に焦点をおいてしまうと、その先にある、一番大切なパートナーと「生活を共にする」現実が抜けてしまいます。結果、失敗する。こんなはずではなかった、と言う声をよく耳にしました。私自身、結婚の先を大して考えることなく結婚し、結局離婚したため、偉そうなことは言えませんが…。だから今は、何においても、人生の目的をきちんと考えることが重要だと、実感しています。

家も同じ。家を買う事に目的を置きがちですが、家を収得した先の暮らしをどうしてゆきたいのかと考えないと、家は単なる箱になってしまいます。

Break Time

～色彩計画～

室内環境を安全＆快適にするためには、空調・音の環境を整えると共に、色彩も大きな要素です。
その空間の目的に合わせて色彩を整えると、精神面に作用し効果的です。例えば、学校の教室には精神が集中できる配色を取り入れるなど。また、配色によって作業効率がUPしたり、目が疲れにくくなるため、事故防止になり、安全性を高める効果もあります。工場や大手のオフィスなどは、そのような配慮がされています。

プロによる色彩計画は、単に配色のセンスがよいだけではなく、そんな所にも配慮されているのですね。病院や図書館も色彩計画がされていることが多いため、今までと違った目線で色を見ると面白いですね。

❸人生の到達点を考える

目的ありきで考え&行動します。
次ページ以降のワークで、しっかりあなた自身と向き合ってみませんか。

【あなたの人生の目的は?】

イメージ図

目的（人生の到達点）

＝（例）幸せになること

↓

目標

①結婚
②家族と暮らす家が欲しい
③生涯健康

↓

そのための行動

①婚活
②定職に就き安定し、家を購入する
③禁煙

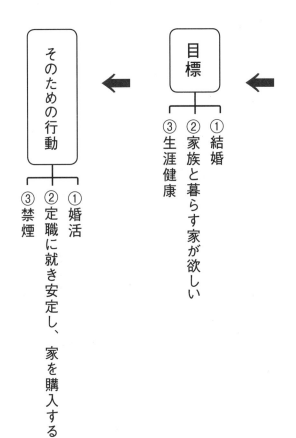

ワークページ

あなたやあなたの家族との、人生の目的（到達点）は何ですか？

目的が何か分からない場合もあると思います。また、気付いていない場合もあると思います。見つけ方（気付き方）の一つを紹介します。自分を洗い出すつもりで、まずは出来るだけたくさん書き出してみましょう。（いくつでも、文章でなくても、単語でも可）

●自分の人生の最後には、どうなっていたいですか？」

人生の到着点を考える

書き出してもしっくりと来ない場合は、数が足りていないのかもしれません。最低100個目指してがんばって書き出しましょう。

人生の到達点を、一つに絞るために、優先順位をつけて消去してゆきます。いくつかある中から、まず半分に絞ります。次にまたその半分に絞り、さらにその半分に絞り…と繰り返し、最後の一つまで絞り込みます。

●**絞り込んだ一つは何ですか？**（一言でなくても構いません。）

●なぜそれを選んだのですか？

● さらに、なぜそれでないといけないの？

● どうしてそれに拘るのですか？

●さらに、それを選ぶとどうなるの？

さらにさらにと、深掘りした結果、納得出来るものであれば、それはきっと、あなたやあなたの家族にとっての到達点と言えるのだと思います。納得できなければ、もう一度初めから繰り返します。時間がかかると思いますが、頑張りましょうね。

目的が定まると、今まで曖昧だったことがはっきり見えてきて、必要なものや余計なものの選別が明確になってきます。意外と今までしていたことや欲しいと思うものが、不必要だったと気付くかもしれません。

深く考えて出た答えに、正解・不正解はありません。違いがあれば、それは人の価値観。まずは〝本気で考えること〟が重要です。この先のあなたやあなたの家族のために。

そしてその目的の手段として、「なぜ家が必要か」「どんな家が必要か」を考えるのです。

一生懸命考えると、家にかけるウエイトが見えてくるはずです。

Break Time

～色と照明～

照明の光源にも色があります。ろうそくのように赤みを帯びた電球色。そして、昼間の外の光のような爽やかな白い光。赤みのない白い光は、よく仕事場や作業場に使われています。こうした照明の光を上手に使い分け、生活に質の良い寛ぎ時間を取り入れませんか？

時代が進化しても、本来人間の細胞は、太陽の光と共に活動しています。太陽の光の色に合わせ、時間帯で照明の色を変化させて行くことが理想です。照明器具がなかった時代、人は太陽が昇っている時間帯に活動し、太陽の沈みと共に休息していました。
それに従って、昼間は白みの光（昼白色～白色）の下で過ごし、活動的に。夕方になるにつれ、赤みの色（温白色～電球色）の下で過ごし、安らぎを。

現在は、一つの照明器具で色を変え・明るさを変えるLEDのタイプが出回っています。これらを上手に使って、体と心を休めると、家の中でより快適に過ごすことができますよ。

❹ 家を考える

モデルルームに見学へ行くと、戸建・マンションメーカーなどが、住宅ローンのシミュレーションを行ってくれます。生命保険や学資保険を検討する際も、マネーシミュレーションを行ってくれます。

ところで、自分のライフシミュレーションを行う人は、どのくらいいるのでしょうか？　満期があるお金のシミュレーションではなく、この先も続く、あなたとあなたの家族のライフプランを考え向き合ってみましょう。

その中で、転勤、同居、海外住まいなど、想定出来ることがあると思います。

ライフプランイメージ

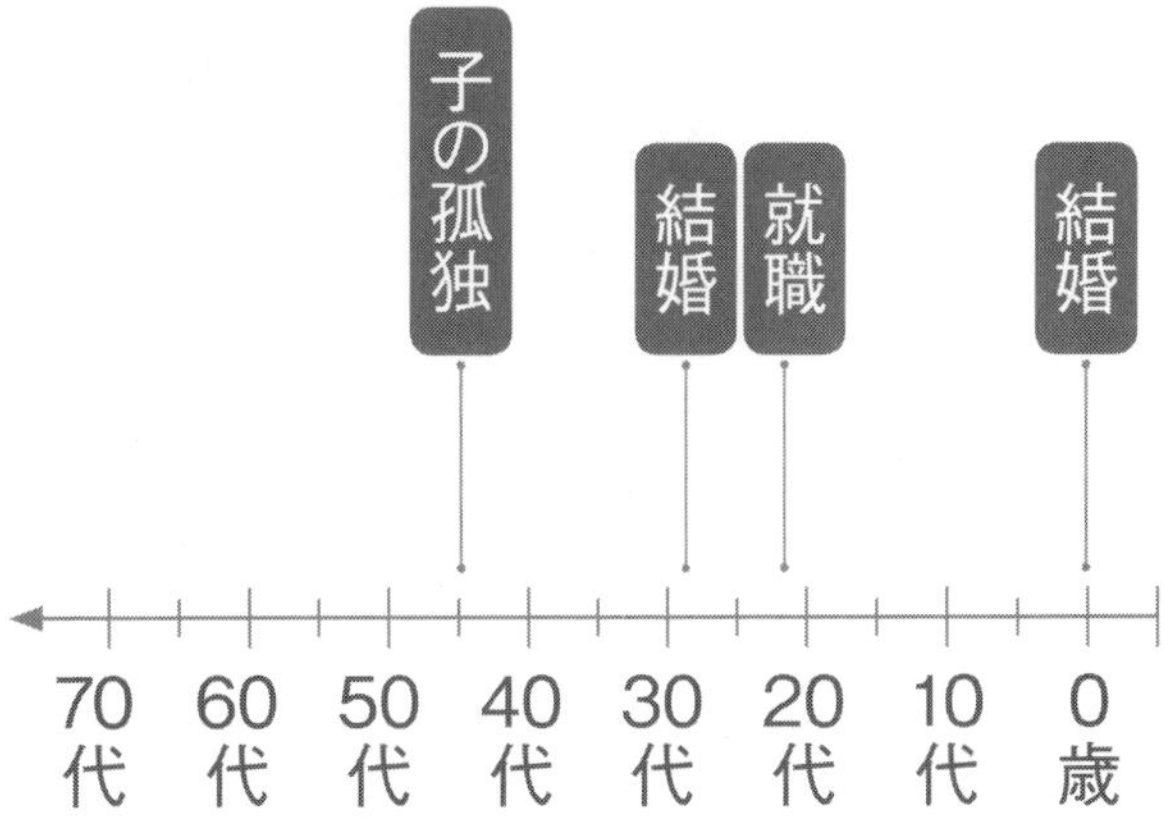

家といっても様々です。あなたやあなたの家族に合う家は、どのような種類の家でしょうか？　賃貸か購入か。新築かリフォーム（リノベーション）か。戸建かマンションか。

例えば将来、海外住まいをするなら、戸建よりマンションを選んだ方がいい場合もあります。また、購入よりも賃貸を選んだ方がいい場合もあります。転勤があるのか同居の予定があるのか。遠くない将来、家族がグループホームなどの施設に入る予定があるのかなど。

また、経年と共に家族が増えたり、減ることも想定します。家はそれと共に、間取りも変わるものです。

以前、次のような年配のご夫婦と、インテリアの打ち合せをしたことがあります。

「子育て中の若いころは、戸建が良かったけれど、その子どもも独立したため、引っ越したい。これからもっと高齢になり、運転のリスクも高くなるので、車を手放して街中のマンションに夫婦で住み、二人仲良く健康的に生活を楽しむ」と、とても明確なプランを持っていたご夫婦でした。そのため、自分達に必要な物がはっきりしておられ、要望も明確でこちらの提案に対しても、きちんと判断することができ、満足しておられました。

ライフプランを想定しておくと、家づくりにまつわる様々なことも、満足する決断が出来るのです。

住宅の構造や特徴、設備など、ハードな部分は知らなくてよいのです。自分で決められなくてもよいのです。その相談先がハウスメーカーや工務店の営業マンだったり、各専門家だったりします。暮らしの要望・希望を汲み取って、間取りや収納、照明プランなどを一緒に考え、提案するのは設計士やコーディネーターの役割です。

提案された暮らしを望むか望まないか、今後の暮らしをどの様にしたいのか、本心を知っているのは、あなた自身です。その本心を、自分で答えられなくてはいけません。

ちなみに、戸建住宅で自由設計の場合、一般的に間取りはどのように決めると思いますか？　大まかですがコーディネーターの目線からお伝えすれば、やはりまずは、「暮らしをどうしたいのか」と言うお客様の思いがプランニングの先頭に立ちます。そして、それが叶う設備や家具は何かと考えていきます。同時に、雰囲気や印象を左右する照明計画をし、あらかじめゾーニング（区分）しておいたリビングなどの広さ、形状を決定してゆきます（もちろん、法律などの規制に基づいて）。

例えば、「家族がいつまでも、仲良く幸せであるために、いつも皆が顔を付き合せられるようにしたい」場合。

思い切って、大きくて、少し低めの楕円型のテーブルだけを置く。食事の時間だけでなく、子どもの宿題も、パソコンの調べ物の時も、いつも皆が自然にそのテーブルに集まる空間にする。ダイニングやリビングなどと空間を分けない間取りで、そこは時にはダイニング、時にはリビング、そして時には作業スペース。

その為のコンセントの位置や数、空調、換気を考慮したり、多様なシーンに対応できるように、照明は配灯の位置にこだわったり、光や色を調節出来る器具にこだわったり。建具の素材も肌心地よく温かみを感じる材質を選ぶなど、様々なことを総合的に考え、調整してゆきます。

Break Time

～色のつく言葉～

「色」がつく言葉をどれだけ思いつきますか？

赤…………赤ちゃん・真っ赤な嘘・赤十字
黄…………黄色い声・ゴールドラッシュ
緑…………みどり十字・グリーンマン
青…………ブルーな気持ち・ブルーカラー
白…………白々しい・白星・白（警察用語）
黒…………腹黒い・黒星・黒（警察用語）

甲高い声を黄色い声と言いますね。高い声＝明るい色と表現するのは世界に共通しているそうです。「高＝明」「低＝暗」と表す理由は不明のようですが、色の世界では明るい色を高明度、暗い色を低明度と言います。明るさを高低で表現するのですね。また、黄色は色相の中で一番明るい色。そう考えると、納得しませんか？　他にも、高音を色で表現するのは、スペイン語では「白い声」、低音ではドイツ語で「暗い声」と言うそうです。
そのほか、どの様な色のつく言葉があるでしょうか？　理由を知ると面白く、楽しい言葉遊びになりそうですね。

⑤ 建築失敗例

住宅の「失敗」事例は、本やネット上など、いろいろなところで紹介されていますが、私の身近でも、大変残念な話がありました。ここで事例を三つご紹介します。

事例①

「新築完成前に離婚したご夫婦」

Aさんは会社員、奥さまは専業主婦、まだ一歳に満たないお子さんとの三人家族で、まだまだこれから未来に向かって進むべくことのできる、結婚二年目程度のご夫婦。

戸建新築を契約され、間取りも決定し、さて、楽しいインテリアの打ち合せ、という段階で私が関わりました。インテリアに対して、それぞれにイメージを持っている、若くておしゃれなご夫婦でした。インテリアの打ち合せ三回中、二回はAさんが出張で不在。不在の二回の打ち合せは奥さまの家族が同席され、お子さんをあやしながら、打ち合せが始まりました。

一般的に間取りは、旦那さまがメインとなって、設計士と打ち合せを進めることが多いものです。奥さまも打ち合せに参加して要望を伝えますが、多くの女性は平面図を３Ｄ化して考えるのが不得意なため、数値的な話が多い設計打ち合せは、旦那さまがリードする確率が高いものです。

一方、インテリアコーディネートの打ち合せは、奥さまが中心となって話が進む確率が高いものです。一般的に床や建具の色を基調とし、壁紙、キッチンなどの設備、照明、カーテンなどをイメージに合わせて決定して行きます。

好きな柄の壁紙やカーテンを選んだりすることは、ファッション&メイク選びの感性と通じる所があり、奥さまが「楽しみにしていました！」と言ってくださることが圧倒的に多いのです。


そのような中、一回目のインテリア打ち合せは、ご夫婦と私で五時間ほどかけて行われました。ご夫婦で悩みながら、ときに意見の食い違いもありながらも、決めなければいけないことはなんとか決め、その日は無事に終わりました。

日は変わり、二回目の打ち合せにAさんは不在。事前にご夫婦で相談されたようで、それを反映させながら、奥さまと私で進め決定してゆきました。ですが、打合せの3分の2を過ぎたあたりで、やはり奥さまも、「自分で決定して良かったのかしら？」と不安になり、その場からAさんへ連絡を取り確認されていました。男性と女性の感性ならではの違いで意見が食い違い、また、Aさんも仕事で忙しい中の連絡で余裕がなかったのでしょう。電話越しのやり取りが少々円満でないように思えました。それでもなんとか仕様を決定し終了。帰宅されてから、Ａさんにも打ち合せ内容が分かるように記録をお渡ししました。

また日が変わり、最終の打ち合せ。今度もＡさんが不在ではありましたが、インテリア打ち合せも終盤。二回目の内容もご夫婦で確認され、新たな内容は事前にお二人で決めて来てくださっていました。これまで決定してきたことの見直しがメインだったので、特に奥さまもメール連絡などせず、自身の判断で最終決定し、インテリア打ち合せは無事終了。

……だったのですが、さらに三ヶ月ほど経ったころ、奥さまのご家族から私に連絡が入り、「離婚することになった」と、衝撃的な告白をされたのです。大変、大変驚きました。家は建築中だったのですから。

さすがに詳細は聞けませんでしたが、家の話し合いをきっかけにお互いの本心が分かり、価値観のズレがどんどん開いていった様子でした。新居は手放すことなく、そこには奥さまと、お子さんが住み、Aさんは出てゆくことになったと教えてくださいました。

この失敗は、物理的な家の失敗ではありません。家を建てる前段階の話し合い不足をきっかけに、これまでお互い溜めていたことが、芋づる式にどんどん不満となって出てしまったのかもしれません。

事例②
「入居しない家のローンを、払い続けなければいけなくなったご夫婦」

Bさんは、愛知県の複数の都市に拠点を持つ製造業の会社に勤めています。英会話講師をしている奥さまと二人暮らしで、お子さんはまだいませんでした。実家はT市の南部にあり、実家から遠くない場所に戸建を構えて家族で住みたいという思いから、土地を探し始めました。同時に「失敗しない家づくり」の情報を集め、住宅展示場を巡りました。

当初は夢が膨らみ、あれがいい、これもいいと、欲しい設備やデザインなどを話し合いながら、仲良く住宅展示場を二人で回っていました。一ヶ月が過ぎ、二ヶ月が過ぎた辺りから異変が起き始めます。意見の衝突による夫婦喧嘩が多くなり、住宅展示場巡りが苦痛になってきたのです。展示場の営業マンはサービスも良く、自社の特徴や設備の良さを丁寧に説明してくれます。「失敗しない」ために複数のハウスメーカーや工務店を見て回り、かなりの量の情報を得たので、それらの比較検討も問題ありません。にも関わらず、回れば回るほど、情報を得れば得るほど、夫婦の意見が食い違っていきます。展示場巡りから帰るたびに喧嘩になり、最終的には今日は展示場に行く、行かないで喧嘩になるほどで、苦痛はピークに達しました。

疲弊したご夫婦は、早く解放されたいとの思いから「さっさと決めてしまおう」と決着を急ぐようになります。結局、タイミングよく広告が出ていた大手ハウスメーカーの建売住宅を、「立地が良いから」との理由で契約。無事に購入の運びとなりました。建売住宅で、万人受けする標準的な間取り・設備であり、ご夫婦の希望やこだわりは反映されていません。デザイン・設備のこだわりも、将来は自宅教室を開きたいという奥さまの密かな野望も、全く考慮されていない家でしたが、「言い出せばキリがないから」ということで妥協しました。

しかし、ここで悲劇が起こります。住宅引き渡しを前にして、Bさんに、A市工場への転勤の辞令が下りたのです。A市はT市から車で1時間半の距離。通って通えないことはありませんが、毎朝・毎晩のことです。通勤は大変な負担になります。結局新居へまだ引っ越しもしておらず、購入した住宅に思い入れもなかったご夫婦は、「二人でA市の社宅に引っ越す」という選択をします。購入したばかりの建売住宅は一度も入居しないまま放置される結果となりました。

ご夫婦は慌ただしくA市に転居して、落ち着いたところで改めて冷静に将来について話し合います。会社の説明では、A市工場への転勤は一時的なもので、T市に家を購入したという事情もあり、そう遠くない将来にT市に戻れるとのことでした。何年後かは分からないけれど、いずれT市に戻るときは家があるのだから安心だね、とご夫婦で笑い合っていました。

しかし、時が経つにつれて大きな問題が出てきました。T市に購入した住宅が、どうしても「わが家」と思えないのです。一度も入居しておらず、家具も入っていないまま、ときどき空気の入れ替えに行くだけですから愛着が持てないのは当然です。それだけではなく様々なアラが目立ち、不満がつのりだしました。

今でははっきりと「失敗した。後悔している」と言い切っておられ、実際にT市の「自宅」に引っ越すことになったときに、果たして「わが家」として愛せるかどうか、不安な日々を送っています。

事例③

「ゆとりがあり過ぎた家の広さが、かえって苦痛に。家をきっかけにすれ違い、離婚に至ったご夫婦」

当時20代後半だったCさんは、地元の銀行に勤めていましたが、結婚を機に退職し専業主婦となりました。まだ、お子さんはおらず、年の離れた旦那さまと共に、周りの女友達がうらやむような、戸建住宅を購入されました。二階建て住宅は5ＬＤＫほどの広さがあったでしょうか。将来を見据えて、子どもが生まれても十分過ぎるほど大きな家で、結婚生活がスタートしました。

同世代の女友達の中で、まだ戸建を持つ人はほとんどなく、まして、5ＬＤＫという大きな家を持つ人はいませんでした。旦那さまは、ひと月の内3分の1は仕事で不在。それもあり、月一度の仲間内での集まり会は、Cさんの家で行われることが多くなりました。Cさんは、才色兼備で、料理も掃除も完璧にこなす方でした。ふいに訪問したとき、広い玄関の床磨きをしておられ、新築した大切な家への愛着と、やるからには手を抜かないCさんの性格が垣間見られました。

結婚生活が落ち着いてからも、Cさんは専業主婦業をこなし、夫婦仲良く暮らしているように見えました。

しかし、結婚して五年ほど経ったころでしょうか。Cさんに会う機会があったのですが、「疲れた」と一言だけ言われました。

もともと社交的で、仕事も遊びもテキパキこなす彼女は、家事においても完璧にやらないと気が済まない。でも広い家の中で、毎日毎日、主に掃除、洗濯、食事の支度を一人きりでこなし、やり終えたころには疲れ果て、外へ出ることもほとんどないような状態。このままでは自分がダメになると思いつつも、やってしまう自分がいる…。このような毎日の繰り返しで、自分自身や旦那さまとの関係に葛藤されているようでした。

次に会ったのは、さらに1年ほど過ぎていた頃でしょうか。離婚し、会社員になって働いていらっしゃいました。大きな家は旦那さまがローンを支払い、引き取ることになったそうです。

その時のCさんは、自身で借りているマンション住まいで、「働いて生活して行かなきゃいけないから、大変よ」と言いながらも、生き生きしている姿が印象的でした。

決して広くはないマンションでしたが、完璧な彼女はここでも部屋の中を美しく片付け、インテリアも整え、暮らしを楽しんでいるようでした。

その後、30代後半になり、新たなパートナーと巡り合い結婚され、新居には、ファミリータイプのマンションを選び、現在もうらやましいほどに仲良く、幸せに暮らしています。

新たな旦那さまと、これからの二人について色々な話し合いをされたそうです。子どものこと、家族のこと、そのほか、ときにぶつかり合いながらも、お互いに向き合ってこられたようです。その結果、子どもを持たず、二人とも仕事を続けるライフスタイルに合わせ、マンションを購入されました。

三事例とも、「なぜ家を持つのか」と話し合いが出来ていれば失敗はなかった、とは言い切れません。また、失敗の内容もそれぞれです。一律で「こうする必要があった」とも言い切れません。が、それぞれ何が問題であったたか。

家の打ち合せ中に夫婦喧嘩になるのは、事例①のご夫婦だけではありません。実は珍しい光景ではなく、これまでも何度か打ち合せ中の喧嘩に立ち会いました。

奥さまが泣き出してしまったり、ご主人が怒って外へ出たきり戻って来なかったり。私のたずさわったお客さま以外でも、このようなケースはよく聞く話です。

事例②のご夫婦も家を持つ目的にきちんと向き合えていなかったのですが、このご夫婦は、住宅の性能・仕様を重視して、いかに失敗しないかをとても熱心に勉強されたのです。でもその前に、その家でどう暮らして行きたいのか、仕事柄転勤を予測して、その場合は家をどうするか、目に見え難い部分を深く話す必要があったと思います。

このご夫婦に限らず、転勤以外にも、親との同居、介護、もしどちらかが重病になったらなども予測をしておかないと、人生はいつどうなるか分かりません。

事例③のご夫婦は、特にこれといった理由がないようにみえます。夫が会社で働き、妻が家で働く（家事）ことは、よくみられるスタイルです。

表面的には問題がなくても、ご夫婦で向き合い「なぜ家が必要か」や「どのような家族でありたいか」などを話すことはほとんどなかったようです。そのため、家を建てた先にある「暮らし」においても話すことがなかったのだと思います。

旦那さまが中心となって決めた間取りで、部屋数も十分過ぎるほどの立派な家でしたが、それがCさんには負担だったのです。Cさんは、そうした本音を表面化させることはなく、また旦那さまは、してやっている感を知らず知らずに押し付けていたことにも気付かず、はじめはちょっとした気持ちの溝だったのが、段々と深くなってきたのです。

(残念ながら、家事仕事は一般的にどんなに素晴らしくこなしても、職場で働くような評価はされ難いものです。これもストレスの蓄積の原因になることは、多くの女性が共感する話です。)

また、家事動線は家事を中心に行う側の意見が反映されていないと、大変使いにくく、疲れてしまうものです。そして、使う人の目的、クセなどに合っていなければ、どんな最新設備でも、「良いもの」ではないのです。さらに、几帳面とか几帳面でないなど、性格に合わせて考慮する必要もあります。今回の場合、奥さまは疲れていても、自分自身に完璧を求めてしまう性格。自身でもそれを分かっているため、キッチンの空間をはじめ、家のボリュームも、手の届きやすい範囲が良かったのです。間取りは広くて収納は多く、設備は最新式、それが必ずしも「良いもの」ではないということです。

安い買い物でない住宅の打ち合せは、夫婦や家族それぞれの思い入れが強く、譲れなかったりするものです。30年近くも高額な支払いをする責任、プレッシャー、そして夢実現のために、譲れない。

相手の本音や性格、個性が出やすく、打ち合せ中に、嫌というほど本性が分かったりするのです。実際、戸建の新築をされた方にアンケートを行ったところ、男女共に「相手の嫌な所が、より見えた」と言う意見が多くみられました。

表面化されにくい、どうしてもゆずれない価値観が違うと知ったとき、離婚のきっかけにもなるのです。昔、「成田離婚」という言葉が流行りましたが、それと同様でしょう。

日頃、子どもの教育の話はしても、これからの夫婦のあり方や家族の暮らし方について、向き合うことが少ないのです。喧嘩を推奨するわけではありませんが、ときに喧嘩も大いに結構だと思います。それをきっかけに、きちんと向き合い、互いの人間関係を深めることができればよいのです。でもこれは、初めの段階で擦り合わせておきたいものです。


家づくりは、性能、設備やインテリアなど、見える部分を一番に考えがちです。が、本来家は、人が生きて行くための基本的「生活」と、人間性をも作り上げる「暮らし」部分の、両方を行う場所だということを忘れてはいけません。

Break Time

～色と季節とインテリア～

日本には素晴らしい四季があります。自然界の色が四季によって変化するのは、興味深く面白いものです。自然界の色から得る印象が、その色を見たときにイメージとして浮かび上がります（例えば、オレンジ色は元気なイメージを持ちますが、それは誰もが、世界を明るく照らし、活力をもらう太陽を思うから）。

せっかくこの素晴らしい四季の国に住んでいる私達。季節ごとの色を、暮らしに取り入れてみませんか？
ファブリック（カーテン、カバー物、マットなどの布類）は、手軽に大きくイメージチェンジが出来るインテリアアイテムです。

❻ 成功のカギ

実は、この内容で本を書こうとした際、建築業界の方から「お客様がせっかく家を建てる気があるのに、その妨げになる」と言われました。本書では、戸建がダメだとかマンションがダメだとか、新築・リフォームがダメだとか、どっちが良い・悪いなどと言っているのではありません。

何のために家を取得するかをしっかりと考えずに家を買おうとするために、その家族にとって合わない家だったり、納得できない家だったりし、結局、お客様のためになっていないことになる。満足が足りていないがために、何か起こった際、引きずっていた不満足な思いが溢れ出て、結果、クレームになってしまうと感じています。

売り手側からすれば、「どの様な家が必要だ」と理解されているお客様が、私達のお客様になるわけです。と言っても、初めからそれを理解している人は少ないと思います。だから分からない事は一緒になって考える。

予算に縛られがちになりますが、お客様とお互いに「本当はどうしたい」「家への思い・希望」などを真剣に向き合い、ポジティブにプランが話し合えたら、意味のある貴重な時間を共有することが出来ます。また、お客様も物質以上の「家」の価値を感じ、より納得した買い物をしていただけると確信しています。

お客様の絶対数が少なく、情報が溢れている今、売り手側としてはより厳しい現状です。だからこそ、門を叩いてくださったお客様と、楽しく実のある打ち合せができたら本望です。

家を買う事は、単なる物質の「箱」を買う相談ではありません。暮らしをどのようにしたいのか、形に見えない思いも含めて相談できる事なのです。ただし、どうしたいかは、私たちが教えるものでも押し付けるものでもありません。

家が欲しい目的を考えて、と何度も申し上げましたが、「考えてみたけれど、よく分からなかった」「それが答えかどうか分からない」という方もいると思います。それでも良いと思うのです。まずは、家を持つ事は手段である事を知り、その先の暮らしをあなたが真剣に考え、話し合う時間を設けたことが重要です。

私たちは、考えてもよく分からなかったお客様も、家族にとってどのような家が必要かと向き合う所からサポートできる相談先だと思っています。たくさん本音で話してくださる事で、私たち建築の専門家は思いを形にできるのです。

家を買う〝成功〟は一律ではありません。望む方向によってそれぞれの住宅でよいわけです。

暮らしに答えは一つでは有りません。それぞれの暮らしに合えば、それが正しい答えであり成功です。

Break Time

～色と光～

色が見えるためには、三つの要素が必要です。
「光源」「物体」「視覚」。これらは一つでも欠けると、色を感じることができません。今、あなたに色が見えるのは、この三要素が揃っているからなのです。

日常的に目にする物体が、赤や青や黄色などに見えるのは、光には長さの違う波長があるためです。物体が特定の光を吸収し、残りの光を反射や透過します。例えば赤いリンゴは赤以外の光を吸収し、赤い光を反射するために、赤いリンゴに見えるのです。そうしたことが色の違いとして認識されます。

人間の見える光は、プリズム（ガラスで出来た三角柱のようなもの）に光を当てると紫・青・緑・黄・橙・赤に分散されます。この配色に覚えがありませんか？　そう、虹ですね。子どものころ、理科で実験をした記憶はありませんか？

⑦ 家探しの期間

最後に、これまでに家を建てた方が、契約までにどの位の期間を費やしたかを、参考までにご紹介します。

目的に合わせて選んでいる人は決定までの時間が短いようです。どのような家族になりたいか、どのように暮らしたいかを考えるのは重要ですが、住宅の構造、設備、メーカーなどに時間をかけ過ぎると決められなくなるようです。

～家を建てた先輩が、住まい探しを始めてから契約に至る迄の期間（戸建編）～

(!)メーカーを決めるまでに、1年かけたが、慎重になり過ぎて疲れた。モデルハウスを回り過ぎ知識ばかりが豊富になり、結局何も決められなくなった。（愛知県　主婦）

(!)住宅メーカーを比較し過ぎるのも考えものだと思った。メーカー探しが目的になってしまった。本来の目的すら失い、疲れた。（名古屋市　主婦）

(!)土地を含めて探していたが、条件が合わずに1年以上決まらなかった。いくつもあった条件に優先順位をつけ、譲れない部分を絞るなどと考えを変えたらすぐ決まった。（愛知県　主婦）

(!)夫婦で将来の家族の理想像をいつも話していた。そんな矢先に、何気なく覗いたモデルハウスで、ご縁を感じた。住まいを探し出して2～3ヶ月で契約に至った。（三重県　主婦）

(!)ハウスメーカーの営業さんの印象が良く、信頼して、1週間で契約（三重県　主婦）

色々な考えがあり、絶対ではありませんが、適切な目安期間は、ハウスメーカー選び～竣工まで約1年半と言えそうです。

ワークページ

おまけ編

家で何をしていますか？

思いつくまま書き出しましょう。

自分の行動のほとんどは、家で行われていると思いませんか？

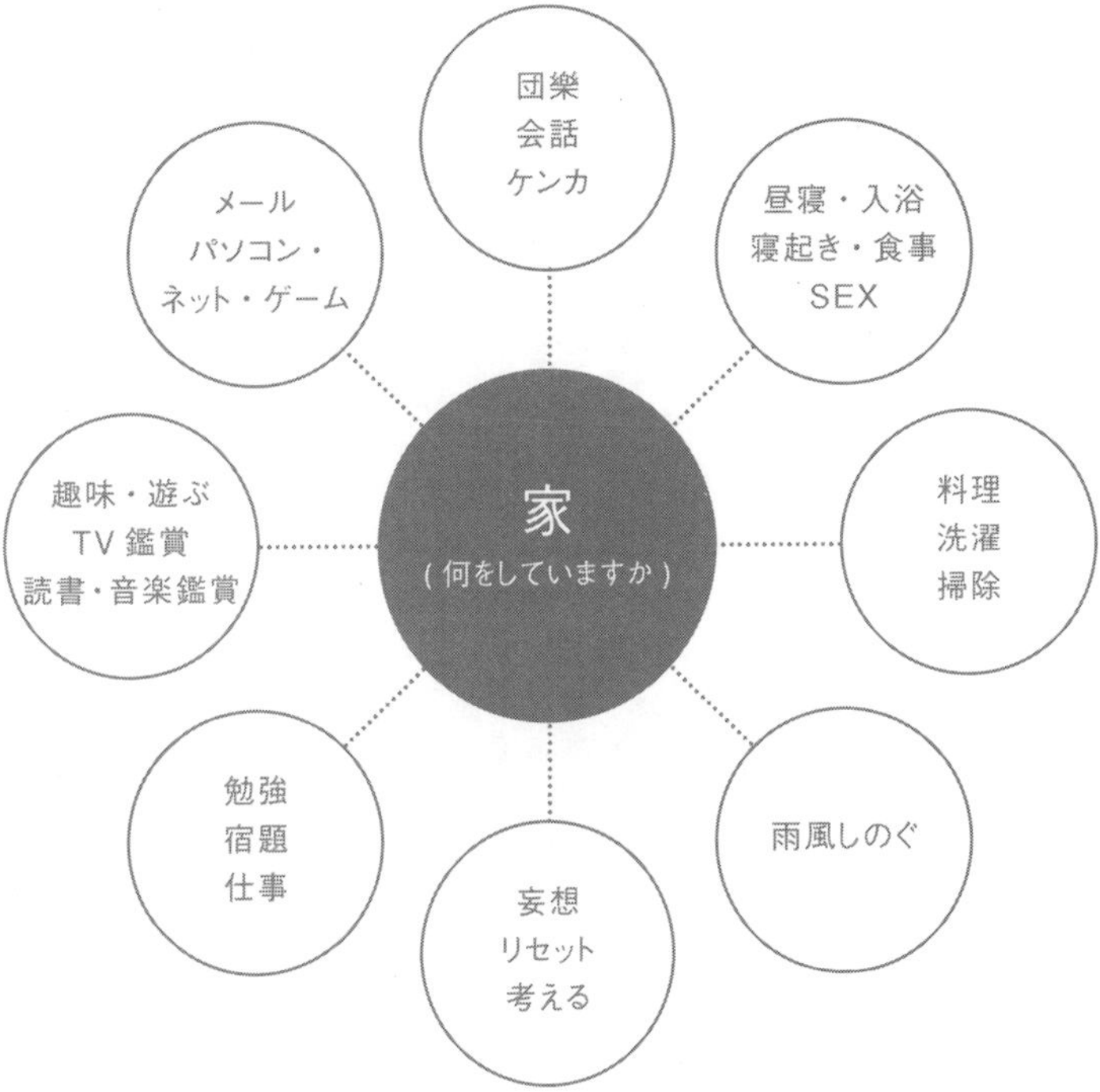
家
（何をしていますか）
団欒
会話
ケンカ
昼寝・入浴
寝起き・食事
SEX
料理
洗濯
掃除
雨風しのぐ
妄想
リセット
考える
勉強
宿題
仕事
趣味・遊ぶ
TV鑑賞
読書・音楽鑑賞
メール
パソコン・
ネット・ゲーム

❽ おわりに

改めて、「家」について考えました。私自身、何回家を住み替えてきたのだろう。少なくとも10回は下らないと思います。この回数は、現在40代の私が30代前半の時に達したため、結構な数の引っ越しを繰り返してきたと思います。

子ども時代に3回家を変わり、その後、転居癖がついたのか親元から独立しても、家を変わることが続きました。結婚している間に2回の引っ越し。再び単身になった頃には引っ越し魔になっており、2年も住まないうちに、ブティックに行く感覚で不動産店をのぞいていたと思います。

どのみち引っ越す気持ちがあったため、物は一つ買っては一つ処分してと、なるべく無駄に荷物を増やさず、身軽であることを心掛けていました。家具は造り付けの住まいを選んだり、見えない部分には、処分しても惜しくないクリアケースを使ったりなどして。シンプルでしたが、生活感が出ないようにインテリアにこだわりを持って暮らしていました。

度重なる引っ越しは、その家に執着がなかったといえば、その通りだったのかもしれません。ですが、その間もずっと心身ともに安定できる「帰る場所」は欲しいと思っていました。人生の目的が定まった現在は、頻繁に引っ越しをすることはなく、今の場所が帰る場所だと思え、心地良く暮らしています。

ところで、腰を落着かせた現在、テーブルをオーダーし、愛着のある椅子を置き、これまで以上に暮らしに手をかけるようになりました。気に入ったテーブルでは、気に入ったお皿でテーブルコーディネートをして食事をする。これは私にとって、とても豊かな時間になっています。

心の満足は、心のゆとりにも繋がります。こうした一連は、インテリアの力の一つですね。

この本を手にしたあなたが、理想の暮らしを定め、暮らしに手間がかけられる、そんな平和な世の中であり続けることを願います。

ありがとうございました。

ご一読下さった皆様、出版にあたり関わって下さった皆様に、心より感謝を込めて。

コーディネーター　加藤ひろみ

わたしの「家色」さがし
MY HOME COLOR

2015年12月1日　初版第1刷発行

著　者　　加藤ひろみ
発行者　　小堀　誠
編集者　　中島幸子（名古屋リビング新聞社）

発行所　　株式会社 MID-FM
〒460-0007 名古屋市中区新栄 1-6-15
☎052（238）9555

発売元　　株式会社流行発信
〒460-8461 名古屋市中区新栄 1-6-15
☎052（269）9111

装丁・デザイン　後藤麻美（日本プリコム）

印刷所　　株式会社シナノパブリッシングプレス

ISBN 978-4-89040-268-7